amor da minha vida

EDITORA
ALAÚDE

O texto deste livro foi fixado conforme o acordo ortográfico vigente no Brasil desde 1º de janeiro de 2009

Texto: Marina Constantino
Capa e projeto gráfico: Amanda Cestaro
1ª edição, 2023

Dados Internacionais de Catalogação na Publicação (CIP)
(Câmara Brasileira do Livro, SP, Brasil)

Amor da minha vida / coordenação Alaúde Editorial. -- 1. ed. -- São Paulo : Alaúde Editorial, 2023. -- (Amor da minha vida)

ISBN 978-85-7881-630-8

1. Amor 2. Casais - Conduta de vida 3. Desenvolvimento pessoal 4. Reflexões 5. Relacionamentos I. Série.

22-124198 CDD-155.645

Índices para catálogo sistemático:
1. Casais : Relacionamento : Psicologia 155.645

Eliete Marques da Silva - Bibliotecária - CRB-8/9380

2023
A Editora Alaúde faz parte do Grupo
Editorial Alta Books
Avenida Paulista 1337, conjunto 11
01311-200 – São Paulo – SP
www.alaude.com.br

/EditoraAlaude
/EditoraAlaude
/EditoraAlaude
/AlaudeEditora

sumário

introdução

A única coisa melhor do que amar é poder compartilhar todo o amor que se sente.

É para isso que serve este livro, que traz várias perguntas e sugestões de tópicos pensadas para reavivar aquela alegria nervosa do início da paixão, registrar o que há de mais especial na relação, eternizar os momentos mais importantes vividos pelo casal e fazer refletir sobre o que se espera do futuro, não importa o tempo de relacionamento ou o estado civil. Mas é claro: abrir o coração por escrito só tem graça se, no fim, todas as respostas forem compartilhadas com a pessoa amada.

Que este presente traga ótimas lembranças, inspire boas risadas e fortaleça a sua união. Que sorte a de vocês!

ESCRITO COM TODO O CARINHO POR:

PARA O AMOR DA MINHA VIDA:

DATA:

“UMA **história** de amor como esta MERECE SER contada inúmeras vezes.

do início ao presente

É ASSIM QUE GOSTO DE RESPONDER QUANDO ME PERGUNTAM COMO NOS CONHECEMOS:

O QUE SENTI NO NOSSO PRIMEIRO ENCONTRO:

TRÊS COISAS QUE LEMBRO DESSE MOMENTO:

1. ____

____

____

2. ____

____

____

3. ____

____

____

NUNCA VOU ME ESQUECER DO NOSSO PRIMEIRO BEIJO...

ALGO QUE NOS APROXIMOU BASTANTE NESSA ÉPOCA FOI:

“

AMOR É

fogo que

ARDE SEM SE VER,

e eu te amo.

PERCEBI QUE TINHA ME APAIXONADO POR VOCÊ QUANDO...

O QUE RECORDO DO DIA EM QUE COMEÇAMOS A NAMORAR OFICIALMENTE:

A PESSOA QUE MAIS TORCEU PELO NOSSO AMOR DESDE O INÍCIO FOI:

OUTRA COISA QUE MARCOU NOSSA HISTÓRIA FOI:

O QUE MAIS SINTO FALTA DESSA ÉPOCA:

DESDE O COMEÇO ATÉ AGORA JÁ CONTAMOS:

__________ *meses*

__________ *dias*

__________ *horas*

__________ *segundos*

__________ *Carnavais*

__________ *Natais*

“

UMA

história de amor

COMO ESTA

jamais

SERÁ ESQUECIDA.

... MAS JÁ PERDEMOS AS CONTAS DE TODAS ESTAS COISAS:

COISAS QUE MUDARAM DESDE O COMEÇO:

-
-
-
-
-
-
-
-
-
-

POR OUTRO LADO, OUTRAS PERMANECEM IGUAIZINHAS:

- __________

- __________

- __________

- __________

- __________

- __________

- __________

- __________

- __________

- __________

“NÃO CONSIGO **me imaginar** AMANDO TANTO **alguém que** NÃO VOCÊ.

o que nos torna especiais

DIZEM QUE OS OPOSTOS SE ATRAEM.

NO NOSSO CASO, ISSO É

○ MENTIRA ○ VERDADE

PORQUE...

CINCO PALAVRAS QUE DEFINEM NOSSO RELACIONAMENTO:

1. ____________________

2. ____________________

3. ____________________

4. ____________________

5. ____________________

É VERDADE QUE VOCÊ ME TIRA DO SÉRIO QUANDO...

EU SEI QUE TE IRRITO TODA VEZ QUE...

NOS IRRITAMOS AO MESMO TEMPO SEMPRE QUE...

PORÉM AMAMOS QUANDO...

ALGUMAS COISAS QUE GOSTO DE FAZER

COMO DEMONSTRAÇÃO DE AMOR:

ALGUMAS COISAS QUE VOCÊ FAZ PARA DEMONSTRAR QUE ME AMA:

A COISA QUE MAIS GOSTO SOBRE A GENTE É QUE...

ALGUNS APELIDOS CARINHOSOS

(QUE USÁVAMOS, USAMOS OU PODEMOS VIR A USAR)

MEUS

TANTO FAZ

SEUS

"

CADA PESSOA **ama** à sua maneira, MAS A NOSSA é a **melhor** DE TODAS.

VAMOS A UMA FESTA À FANTASIA. EIS ALGUMAS IDEIAS DE DISFARCES PARA QUE TODOS SAIBAM QUE SOMOS UMA DUPLA:

&

TRECHO DA MÚSICA QUE MAIS NOS REPRESENTA NO MOMENTO:

POEMA QUE MAIS REPRESENTA O NOSSO AMOR NESTE MOMENTO:

O DIA PERFEITO PARA NÓS SERIA ASSIM:

A NOITE PERFEITA PARA NÓS SERIA ASSIM:

MINHAS CINCO ATIVIDADES FAVORITAS DE TODOS OS TEMPOS PARA FAZER COM VOCÊ:

1. ______________________________

2. ______________________________

3. ______________________________

4. ______________________________

5. ______________________________

E ESTAS SÃO TODAS AS OUTRAS COISAS QUE TORNAM VOCÊ E SEU AMOR ESPECIAIS:

-
-
-
-
-
-
-
-
-

“

É TÃO
bom morrer
DE AMOR!

os momentos mais importantes

ALGUMAS DATAS ESPECIAIS PARA SEMPRE COMEMORAR:

DIA

MÊS

ANO

OCASIÃO

DIA

MÊS

ANO

OCASIÃO

DIA

MÊS

ANO

OCASIÃO

DIA

MÊS

ANO

OCASIÃO

NOSSA MAIOR AVENTURA ATÉ O MOMENTO:

UM MOMENTO INESQUECÍVEL QUE VIVEMOS JUNTOS:

UMA HISTÓRIA NOSSA QUE SEMPRE FAZ OS OUTROS RIREM:

A BRIGA MAIS BOBA QUE TIVEMOS:

E A MAIS SÉRIA:

ALGUMAS DAS MAIORES DIFICULDADES PELAS QUAIS PASSAMOS:

COMO SUPERAMOS ESSES PROBLEMAS E O QUE APRENDEMOS COM ELES:

SUA PRESENÇA FOI FUNDAMENTAL QUANDO...

“

O MELHOR LUGAR DO

mundo é o

O OMBRO DA PESSOA

amada.

OUTROS MOMENTOS COMPARTILHADOS E LEMBRANÇAS DO QUE VIVEMOS JUNTOS:

“

É O NOSSO

amor que

FAZ O MUNDO

girar.

muitos motivos para te amar

PARA MIM, AMAR É...

E VOCÊ É O AMOR DA MINHA VIDA PORQUE...

SUAS MAIORES QUALIDADES SÃO:

1. ____________________

2. ____________________

3. ____________________

4. ____________________

5. ____________________

QUANDO FECHO OS OLHOS E PENSO EM VOCÊ,
A IMAGEM QUE ME VEM À MENTE É:

ESTES SÃO ALGUNS DOS SEUS SUPERPODERES:

1. ____________________

2. ____________________

3. ____________________

4. ____________________

5. ____________________

AS COISAS QUE MAIS ADMIRO
EM VOCÊ:

1. ______

2. ______

3. ______

4. ______

5. ______

“

AMAR É

aprender

A VER A VIDA PELOS

olhos

DE OUTRA PESSOA.

ENTRE AS COISAS MAIS VALIOSAS QUE APRENDI COM VOCÊ ESTÃO:

ÀS VEZES ME FALTAM ADJETIVOS PARA DESCREVER VOCÊ,

MAS OS PRINCIPAIS SÃO:

“
VOCÊ É
muito mais
DO QUE EU
esperava.

desejos para o futuro

SONHOS QUE TÍNHAMOS NO PASSADO
E QUE JÁ REALIZAMOS:

SITUAÇÕES QUE AGORA SÃO COMPLETAMENTE DIFERENTES DO QUE IMAGINÁVAMOS:

COISAS EM QUE PROMETO MELHORAR:

1. ______________________

2. ______________________

3. ______________________

4. ______________________

5. ______________________

COISAS EM QUE NÃO DEVERÍAMOS JAMAIS MUDAR:

1. ______________________

2. ______________________

3. ______________________

4. ______________________

5. ______________________

TODOS OS PLANOS QUE QUEREMOS CONCRETIZAR:

“

NÃO VEJO A **hora de** VIVER CADA **instante** AO SEU LADO.

QUANDO PENSO NO NOSSO FUTURO DAQUI PARA A FRENTE, IMAGINO...

ANTES DE TERMINAR, QUERO TE DIZER QUE...

“

SÓ AS

criaturas

QUE NUNCA ESCREVERAM

cartas de amor

É QUE SÃO RIDÍCULAS.

— **Álvaro de Campos**